Lla

Written and Illustrated by
Katie A. Baker

Edited by
Carol Gaab

ISBN: 978-1-64498-066-8

Fluency Matters, P.O. Box 11624, Chandler, AZ 85248

info@FluencyMatters.com • FluencyMatters.com

A Note to the Reader

This fictitious comprehension-based reader is based on 57 high-frequency words in Spanish. It contains a *manageable* amount of vocabulary and numerous cognates (words that are similar in two languages), making it an ideal first read for beginning language students.

All vocabulary is listed in the glossary. Keep in mind that many verbs are listed in the glossary more than once, as most appear throughout the book in various forms and tenses. (Ex.: I go, he goes, let's go, etc.) Culturally-specific vocabulary and other language that would be considered beyond a 'novice-low' level are footnoted within the text, and the meaning given at the bottom of the page where the expression first occurs.

This comprehension-based reader is intended for educational entertainment only. We hope you like the story and enjoy reading your way to FLUENCY.

About the Author

Katie A. Baker is a Spanish teacher, writer and illustrator, originally from Bedford, Texas. She currently teaches in Idaho and is known for highly effective teaching practices that lead students down the path to proficiency. In 2017, Katie was named the Idaho World Language Teacher of the Year, and in 2016, the Heritage Middle School Teacher of the Year.

Katie has contributed to acquisition-driven teacher resources and has also authored several comprehension-based readers, including *Llama en Lima, La Llorona de Mazatlán* and *El Ekeko: un misterio boliviano.*

She now lives with her husband in Boise, Idaho, where she enjoys hiking, biking, and traveling, especially to Spanish-speaking countries. In 2013, she took a trip to Lima, Perú, a trip that inspired her to write *Llama en Lima.* Katie photographed her travels, and her photos were used to illustrate this story.

Índice

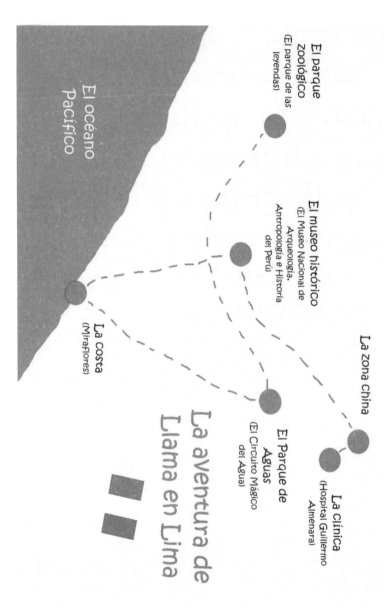

La aventura de Llama en Lima

El parque zoológico
(El parque de las leyendas)

El océano Pacífico

El museo histórico
(El Museo Nacional de Arqueología, Antropología e Historia del Perú)

La costa
(Miraflores)

La zona china

El Parque de Aguas
(El Circuito Mágico del Agua)

La Clínica
(Hospital Guillermo Almenara)

Capítulo 1
El parque zoológico

Llama es un animal. Llama vive en Perú. Vive en la ciudad de Lima.

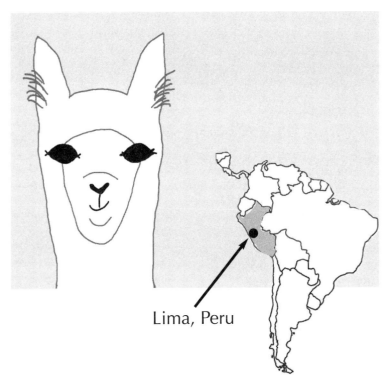

Lima, Peru

Otras llamas viven en las montañas de Perú, pero Llama no. Llama es diferente.

Llama vive en el parque zoológico. Vive en el parque zoológico de la ciudad de Lima. Llama vive en una jaula[1]. Vive en la jaula número ocho (8).

El parque zoológico de Lima es muy grande. El parque tiene exactamente treinta y seis (36) animales y treinta y seis (36) jaulas.

[1]*jaula - cage*

Los otros animales viven en las otras jaulas. Todas las jaulas tienen animales. A Llama no le gusta vivir en una jaula.

Llama tiene dos amigos especiales, Mono y Cuy. Mono vive en la jaula número siete (7). Mono tiene mucha energía y es muy inteligente. A Mono le gusta el fútbol. Le gusta practicar el fútbol con una roca pequeña.

Mono
#7

Cuy es un animal muy pequeño y nervioso. Cuy dice con voz nerviosa: «Cuy, cuy, cuy». Cuy vive en la jaula número nueve (9). La jaula de Cuy es muy pequeña.

Una persona también vive en el parque zoológico. La persona es Hombre. A todos los animales les gusta Hombre. ¡Es una persona fantástica! Hombre es muy dedicado a los animales. Le gustan los animales.

Todos los días, Hombre les da de comer a los animales. Hombre le da plantas a Llama. A Llama le gusta comer plantas. Hombre también les da de comer a los otros animales. Le da frutas a Mono. A Mono le gustan las frutas. Hombre le da vegetales a Cuy. A Cuy le gustan los vegetales.

Los amigos de Llama viven muy contentos en el parque zoológico, pero Llama no. Llama está aburrida. ¡Muy aburrida!

A Llama no le gusta vivir en el parque zoológico. Le gusta Hombre y le gustan las plantas. También le gustan sus amigos. ¡Pero no le gusta su jaula! No le gusta vivir en una jaula aburrida. Llama dice: «Vivir en el parque zoológico es muy aburrido».

Todos los días, muchas familias con niños visitan el parque zoológico. A los niños les gustan los animales. Les gusta mirar a los animales. Los niños los miran con mucho entusiasmo, pero los adultos no. Los adultos los miran con impaciencia.

Los niños tienen una conexión con los animales. Les gusta observar a los animales. Observan a Llama y saben que Llama está aburrida. Para los niños es obvio, pero para los adultos no.

Todos los días, Llama también mira a los niños con interés. Llama usa su imaginación. Se imagina la ciudad de Lima. Llama se imagina que vivir en la gran ciudad es muy interesante. Se imagina que vivir en la ciudad NO es aburrido.

Llama exclama: «No me gusta vivir en el parque zoológico. ¡Es muy aburrido!».

Capítulo 2
El escape

Un día, Llama tiene una idea. La idea no es aburrida. La idea es muy interesante. Llama quiere ver la ciudad de Lima. Quiere explorar la ciudad. ¡Quiere escapar del parque zoológico!

Llama habla con sus amigos. Habla de su fantástica idea:

– Mono, Cuy, quiero escapar del parque zoológico. No me gusta vivir en una jaula. Estoy aburrida.

– A mí me gusta vivir en el parque zoológico –dice Mono–. No estoy aburrido.

– A mí también me gusta vivir en el parque zoológico –dice Cuy–. Me gusta mi jaula pequeña.

– Quiero ver la ciudad de Lima –dice Llama con entusiasmo–. ¡Quiero escapar!

– ¡Uy! –dice Cuy con voz nerviosa–. ¿Escapar? Pero... ¡estoy nervioso! No quiero escapar.

– Pero... ¡estoy aburrida! –repite Llama.

– El parque zoológico no es aburrido –dice Mono–. Me gusta Hombre y me gustan los niños. Me gustan las frutas y me gusta practicar fútbol. Estoy contento en el parque zoológico.

– Para mí, vivir en el parque zoológico es aburrido. Y es aburrido vivir
en una jaula. Hombre también es
muy aburrido –dice Llama.

Cuy y Mono miran a Llama y saben que
su amiga está aburrida. Finalmente están
convencidos. Le dicen a Llama:

– Sí, vamos a escapar del parque zoológico. Vamos a visitar la ciudad.

Llama está muy contenta y baila su
baile de celebración. Los niños miran a
Llama. Imaginan que Llama baila música
disco. Imaginan que Llama está muy contenta en su jaula. No saben que Llama
realmente está aburrida. No saben que
Llama tiene un plan fantástico.

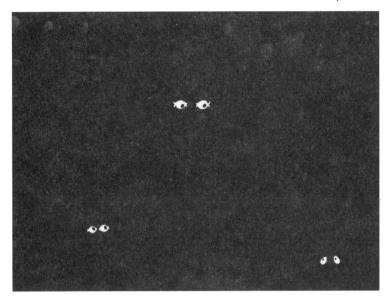

A las 3:00 de la mañana todo está muy silencioso. No hay personas en el parque zoológico con la excepción de Hombre. Pero ¿dónde está Hombre? Los animales no saben.

Todos los animales están en sus jaulas. Todos están silenciosos excepto Cuy, Mono y Llama. Cuy, Mono y Llama hablan de su plan secreto.

—¡Vamos! —les dice Llama a sus amigos—. Cuy, ¡es el momento perfecto para escapar!

Cuy no está contento. ¡Está nervioso! Realmente no quiere escapar de su jaula. Cuy pasa por un espacio en su jaula. «¡UF!», exclama Cuy. Es difícil escapar, pero ¡Cuy escapa! Llama mira a Cuy y le dice:

— Cuy, rápido… ¡las llaves[1]!

— Sshhhh —dice Cuy.

— ¡Silencio! —exclama Mono.

Cuy pasa por el parque zoológico. Ve a

[1]llaves - keys

Hombre, pero Hombre no ve a Cuy. Hombre tiene las llaves de las jaulas. Cuy ve las llaves. Va hacia Hombre y, en silencio, toma las llaves de Hombre. Rápidamente va hacia la jaula de Mono.

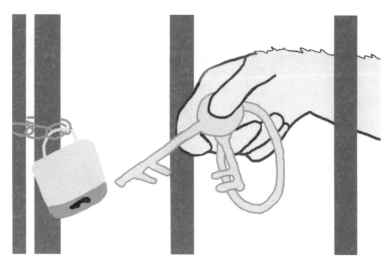

Silenciosamente, Cuy le da las llaves a Mono. Mono es muy inteligente. Es experto en llaves.

Rápidamente, Mono toma las llaves y ¡usa las llaves para escapar de su jaula!

Mono escapa y va hacia la jaula de Llama. Llama mira a Mono y le dice:

– ¡Rápido, Mono!

Mono usa las llaves y ¡Llama también escapa de su jaula! Llama está muy contenta. Baila² su baile de celebración.

– ¡No bailes, Llama! –exclama Mono nervioso.

– Silencio –dice Cuy, también nervioso.

– ¡Vamos! –exclama Llama contenta–. ¡A la ciudad!

Los tres (3) animales escapan del parque zoológico. Van hacia la ciudad de Lima.

²baila - s/he dances

Capítulo 3
El Parque de las Aguas

A las 3:30 de la mañana, los animales toman un bus hacia el centro de la ciudad. Los animales no saben a dónde van. Todos dicen: «¿A dónde vamos?».

El bus va hacia el Parque de las Aguas en Lima, Perú. El chofer del bus mira a los animales, pero no los mira con mucha atención. El chofer está exhausto.

A las 4:00 de la mañana, los animales entran al parque. Están nerviosos. «¿Dónde estamos?», dicen los animales. Entran al parque en secreto. No hay personas en el parque a las 4:00 de la mañana.

El parque no es aburrido. Es muy interesante. El parque tiene fuentes[1] grandes y

[1]*fuentes - fountains*

19

tiene música. Tiene agua de muchos colores. Hay agua de color violeta. Hay agua de color rosa. El agua baila con la música. Los tres (3) amigos también bailan.

Los amigos bailan en el agua y miran los colores. Bailan y celebran por 4 horas.

A las 8:00 de la mañana, una persona entra al Parque de las Aguas. Es una guardia de seguridad. La guardia mira a Llama. Mira a Cuy. Mira a Mono. Y los animales también miran a la guardia. ¡Están nerviosos!

> – ¡Ay, ay, ay! –dice Cuy nervioso.
>
> – ¡Ay! ¡Una llama! ¡Un mono! ¡Una rata! –exclama la guardia de seguridad.
>
> – ¡No soy una rata! –dice Cuy irritado–. ¡Soy un cuy!

La guardia no está contenta. Va hacia

los animales.

> – ¡Vamos! –dice Mono–. ¡Vamos a escapar!

Los animales escapan de la guardia. Escapan del Parque de las Aguas.

> –¿Ves? –dice Cuy, nervioso–. En la ciudad hay muchos problemas. ¡Me gusta el parque zoológico! ¡Vamos al parque zoológico! No me gusta la ciudad.

> –Sí –dice Mono. Vamos al parque zoológico.

Llama no está contenta. No le gusta el parque zoológico, pero quiere estar con sus amigos. Cuy y Mono miran a Llama y le dicen:

> – ¡Vamos, Llama!

Finalmente, Llama está convencida. Va con sus amigos. Cuy y Mono quieren tomar un bus al parque zoológico. Ven un bus y, rápidamente, los tres (3) amigos van hacia el bus. Mono es muy inteligente y nota que el chofer del bus mira su teléfono. El chofer no mira a los animales.

– ¡Vamos! –les dice Mono a Cuy y a
Llama.

Cuy y Mono están contentos. Pero hay
un problema. Los animales no saben que
el bus no va al parque zoológico. No
saben que hay muchos buses en la ciudad
de Lima, Perú. No saben los números de
los buses. No saben las rutas. ¡No saben a
dónde va el bus!

Capítulo 4
Miraflores

Los animales no saben a dónde van. ¡Están nerviosos! No saben que el bus no va al parque zoológico. «¿A dónde vamos?», dicen los animales.

El bus va a Miraflores. Miraflores es una región de Lima. Está en la costa del océano Pacífico.

Los animales entran a Miraflores a las 9:00 de la mañana. Los amigos miran la costa. Hay muchos surfistas en el agua. El agua en Miraflores es perfecta para surfear.

– ¡Quiero surfear! ¡Es muy interesante! –dice Mono.

– Pero Mono, no sabes surfear –le dice Cuy.

– No hay problema –dice Mono–.

Vamos con las personas.

– ¡No, no! –insiste Cuy, nervioso.

Mono va rápidamente al agua. Ve a un surfista en su tabla de surf. En secreto, Mono aborda la tabla de surf. El surfista no ve a Mono. Mono surfea con el surfista. Es muy interesante. ¡A Mono le gusta surfear!

Pero en ese momento, el surfista ve a Mono en su tabla de surf. ¡El surfista no está contento!

–¡Aaaaa! ¡Un mono! –dice el surfista.

– No hay problema –le dice Mono al
surfista–. Soy un mono inteligente.

Pero sí hay un problema: el surfista no
sabe comunicarse con los animales.

–¡Aaaaa! ¡Uuuy! ¡Aaaaa! –exclama
el surfista irritado.

El surfista mira a Mono y no mira el
agua. ¡Uf! ¡Qué problema! ¡Ocurre un accidente! La tabla de surf entra en el agua
violentamente.

– ¡¿Dónde está Mono?! –exclama
Cuy.

– ¡Mono, Mono! –exclama Llama
nerviosa.

Cuy y Llama están aterrorizados[1]. Miran el agua, pero no ven a Mono. A los treinta (30) segundos, ven a Mono. ¡Mono escapa del agua!

– ¡Aaaa! ¡Una llama! ¡Un mono! ¡Una rataaaaaaa! –exclama el surfista furioso.

– ¡No soy una rata! –exclama Cuy irritado–. ¡Soy un cuy!

– ¡Rápido! ¡Vamos a escapar! –dice Mono.

– ¡Sí! –responde Llama nerviosa–. ¡Vamos!

[1]aterrorizados - terrorized, scared

Los animales se van rápidamente. Escapan del surfista.

– ¿Ves? En la ciudad hay muchos problemas –dice Cuy nervioso–. Vamos al parque zoológico.

– Sí, vamos –dice Mono.

– ¿Dónde están los buses? –dice Llama.

Los animales no saben dónde están los buses, pero son muy inteligentes. Deciden observar a las personas. Notan que las personas van hacia los buses. Los animales ven los buses. Observan un grupo de niños que aborda un bus. En ese momento, Llama tiene una idea.

> – Mira a los niños. Los niños visitan mucho el parque zoológico. ¿Los niños van al parque en este momento? ¡Vamos con los niños!
> –dice Llama.

Los niños toman el bus. Los animales también toman el bus. Los animales escapan de Miraflores, pero hay un problema. Los animales no saben que el bus no va al parque zoológico.

¿A dónde va el bus?

Capítulo 5
El museo histórico

Los animales están nerviosos. «¿Dónde estamos?», dicen los animales.

El bus va hacia un museo histórico. Los niños van a visitar el museo para su clase de historia. Cuy ve el museo y exclama:

– ¡Ay, no! No es el parque zoológico.

– ¿Dónde estamos? –dice Mono nervioso.

– No estén nerviosos –dice Llama contenta–. Es muy interesante. ¡Vamos!

En ese momento, un grupo grande de niños entra al museo histórico. Los guardias de seguridad miran a los niños. No miran a los animales. Los animales entran al museo en secreto.

El museo es muy interesante. Tiene arte histórico y figuras de cerámica. Tiene brazaletes de rubíes[1] y estatuas grandes. ¡Y tiene momias! Las momias también son

[1]*brazaletes de rubíes - ruby bracelets*

muy interesantes.

– ¡Vamos a bailar con las momias! –dice Llama.

– ¡Sí, sí! –dice Mono.

Llama y Mono entran en la exhibición y bailan con las momias. Llama baila música disco.

– ¡No, no! –dice Cuy, nervioso–.
¡No bailen!

En ese momento, un guardia de seguridad ve a los animales. El guardia no está contento. Habla por su radio:

– ¡Atención! Hay una llama, un
mono y una rata…

– ¡No soy una rata! –exclama Cuy
irritado–. ¡Soy un CUY! –dice Cuy.

Un niño ve a los animales. También ve al guardia de seguridad. El niño es muy inteligente. Sabe que los animales tienen un problema. El niño quiere resolver el problema. Observa la situación y ve un botón grande. El botón dice: «EMERGENCIA».

El niño tiene una idea. Decide causar una distracción. En ese momento, una

alarma causa caos: «Wiiii uuuu wiiiii uuuu wiiiii uuuu».

El guardia de seguridad va a investigar. «Wiiii uuuu wiiiii uuuu wiiiii uuuu». Las personas en el museo exclaman: «¡Ay, ay, ay!». Todos quieren escapar del museo, incluso los animales.

El niño mira a los animales. ¡Es un niño muy inteligente! Sabe comunicarse con los animales.

–¡Rápido, amigos! ¡Escapen! –les dice el niño a los animales.

Los tres (3) animales escapan del museo. Los niños también escapan. Rápidamente, los niños van con los adultos hacia el bus.

– ¿Ves? –dice Cuy–. En la ciudad hay muchos problemas. Vamos al parque zoológico. Estoy exhausto.

– Sí –dice Mono–. No me gusta la ciudad.

– Pero es imposible –dice Llama, frustrada–. Los buses de Lima son muy confusos. No sabemos las rutas. No sabemos a dónde van los buses.

Mono es un mono inteligente. Tiene una idea.

– Vamos con los niños. Son amigos.

– Excelente idea –responde Llama.

Cuy, Llama y Mono van rápidamente hacia el bus. Los adultos ven a los animales. No están contentos y exclaman:

– ¡Ay, ay, ay! Miren, ¡animales agresivos!

El chofer del bus ve a los animales y exclama:

– ¡Rápido! ¡Vamos!

«Vrrruuuum». El bus se va rápidamente para escapar de los animales.

– ¡Noooo! –exclaman los animales.

Los animales están en silencio. No tienen ideas.

Capítulo 6
¡A comer!

Los animales pasan por la ciudad. No saben dónde están. Y no saben a dónde van.

– ¿Dónde estamos? –dice Cuy.

– En la ciudad –responde Llama.

– Sí, es obvio. Pero ¿dónde en la ciudad? –dice Mono irritado.

Mono no está contento. Tiene hambre y quiere comer. Gluglú... Es el estómago de Mono.

– Tengo hambre –dice Mono–. ¡Quiero comer!

– ¡Quiero comer vegetales! –dice Cuy.

– Quiero comer frutas –le responde Mono.

–Vamos –dice Llama–. En Lima hay muchos restaurantes. ¡Vamos a comer en un restaurante!

– ¡Es una idea excelente! –exclama Cuy.

Gluglú. Gluglú. Gluglú. Los animales tienen hambre. ¡Todos quieren comer!

– ¡Tengo hambre! –exclama Llama–. ¿Ves un restaurante?

– No. Vamos a otra parte de la ciudad –dice Mono, inteligentemente.

Los animales se van. Pasan 30 minutos por la ciudad. En la distancia, Llama ve un objeto muy interesante. En la distancia, Llama ve columnas grandes. Llama dice:

– Son columnas muy interesantes. ¡Vamos a investigar!

– ¡No quiero investigar las columnas! –responde Mono irritado–. ¡Tengo hambre! ¡Quiero comer!

Llama ignora a Mono. Curiosa, va rápidamente hacia las columnas. Ve que son columnas chinas.

– Amigos, miren las columnas. Son estilo chino –exclama Llama.

Cuy y Mono deciden investigar. Van hacia las columnas. Ven que sí, son columnas chinas. Mono es muy inteligente y dice:

– Amigos, ¿saben dónde estamos?

– No, no sabemos –responde Cuy–. ¿Estamos en China?

– ¡¿No estamos en Lima?! –responde Llama con confusión.

– Sí, Llama, estamos en Lima –responde Mono, inteligentemente–. Estamos en la parte de la ciudad donde viven muchas personas chinas. Hay muchos inmigrantes de China en la ciudad de Lima.

Los animales observan la arquitectura[1] china. A los animales les gusta la arquitectura. También les gustan las decoraciones chinas. Ven linternas y otras decoraciones chinas. Todo es muy interesante, pero hay un problema: ¡Mono tiene mucha, mucha hambre! ¡Gluglú, gluglú, gluglú!

– Mono, ¡¿es tu estómago?! –exclama Llama.

– ¡Sí! ¡Quiero comer! –exclama Mono.

– ¡Tengo hambre! –exclama Cuy.

– Mira –dice Llama con entusiasmo–. Hay un restaurante chino.

Los animales ven el restaurante. ¡Están

[1]arquitectura - architecture

contentos! Van rápidamente hacia el restaurante y ven a una niña. La niña vive en el restaurante con su familia.

La niña ve a los animales y sabe que los animales quieren comer. La niña es muy inteligente. Sabe comunicarse con los animales.

– Amigos, ¿quieren comer? –les dice la niña.

Contentos, los animales responden:

– ¡Sí, sí!

La niña les da de comer a los animales. Pero no les da plantas. No les da vegetales. No les da frutas. Les da comida china.

Los animales comen y comen. ¡Comen mucha comida china! «¡Mmm, mmmm!».

– Me gusta la comida china –dice Llama.

– La comida es deliciosa –exclama Mono.

– Todo es excelente –dice Cuy.

La niña está contenta. Le gustan los animales. Pero a los cinco (5) minutos, hay un problema. A los animales les duele el estómago. ¡Gluglú, gluglú, gluglú!

– ¡Ay, ay, ay! Mi estómago… –dice Mono–. Me dueleeeeee...

– ¡Uf! Mi estómago no está contento –dice Cuy.

– No me gusta la comida china –dice Llama.

¡Gluglú, gluglú, gluglú! ¡Qué problema!

Capítulo 7
La doctora

A los animales les duele el estómago. ¡Gluglú, gluglú, gluglú!

– ¡Ay, ay, ay! –dice Mono–. Me duele el estómago.

– ¡Uy! –dice Cuy–. A mí también me duele el estómago.

– ¡Uf! –dice Llama–. A mí también me duele el estómago. ¡Me duele mucho!

La niña es muy inteligente. Sabe comunicarse con los animales. Sabe que los animales tienen un problema.

–Vamos, amigos. Vamos a ver a una doctora –les dice la niña.

Los animales van con la niña. Es terrible. Les duele mucho el estómago. Es difícil continuar, pero los animales saben que es necesario. Pasan por la ciudad con la niña.

En la distancia, los animales ven una clínica.

– ¡Rápido, amigos! –dice la niña.

Los animales van rápidamente hacia la clínica. La niña entra en la clínica. Los animales entran con la niña. Una doctora ve a los animales y exclama:

– ¡Ay, ay, ay!

– Los animales son mis amigos –le dice la niña–. Tienen un problema. Comieron mucha comida china.

– Sí –responde Llama–. Me duele el estómago.

– A mí también me duele el estómago –dice Cuy.

– A mí también me duele el estómago –dice Mono.

La doctora mira a los animales. La doctora es inteligente, pero no sabe comunicarse con los animales.

– ¿Qué dicen los animales? –le dice la doctora a la niña.

La niña es muy inteligente. Sabe exactamente qué dicen los animales.

– Dicen que les duele el estómago –le responde la niña, inteligentemente.

La doctora sabe que los animales tienen un problema serio. La comida china no es ideal para los animales. La doctora tiene una idea. Quiere hablar con un experto en animales.

La doctora habla por teléfono. Habla con una persona misteriosa.

– Hay tres (3) animales en mi clínica. Hay un mono, un cuy y una llama. Les duele el estómago.

– ¿Les duele el estómago? ¿Sabe la causa? –dice una voz.

– Sí –responde la doctora–. Comieron mucha comida china.

– ¡Ay, ay, ay! –exclama la voz–. ¡¿Comieron mucha comida china?!

La doctora y la persona misteriosa hablan por tres (3) minutos. La niña les habla a los animales con voz calmada, pero los animales no están contentos. ¡Les duele mucho el estómago!

La doctora les da agua a los animales. También les da medicina.

– Uy –dice Cuy–. No me gusta la medicina.

– Me duele el estómago –dice Mono.

– También me duele el estómago –dice Llama.

Muchos minutos pasan. Los animales no están contentos. Les duele mucho el estómago.

– ¿Ves? –dice Cuy–. En la ciudad hay muchos problemas.

– ¡Exacto! –dice Mono, inteligentemente–. La ciudad no es aburrida,
pero sí, es terrible. No me gusta la
ciudad.

– La ciudad es interesante –dice
Llama–. Me gusta, pero quiero vivir
en el parque zoológico. Prefiero
vivir con los otros animales y con
Hombre.

En ese momento, una persona entra a
la oficina. ¡Es Hombre! Hombre es la persona misteriosa del teléfono. Hombre mira
a los animales y les dice:

–¡Ay, mis amigos! Estoy muy contento de verles. ¡Vamos al parque zoológico!

Y Hombre sabe que los animales también están contentos.

Glosario

Glosario

A

a - to; at

aborda - boards, gets on

aburrido(a) - bored; boring

accidente - accident

adultos - adults

agresivos - aggressive

agua - water

(Parque de las) Aguas - (Park of the) Waters, a special location in Lima, Peru filled with fountains that light up at night

al - to the; at the

alarma - alarm

amiga - friend

amigo(s) - friend(s)

animal(es) - animal(s)

arquitectura - architecture

arte - art

atención - attention

aterrorizados - terrorized, scared

ay – oh (no)

B

baila - s/he dances

bailan - they dance

bailar - to dance

baile - dance

(no) bailen - you (pl.), don't dance *(command)*

(no) bailes - don't dance *(command)*

botón - button

brazaletes - bracelets

bus(es) - bus(es)

C

calmada - calm

caos - chaos

causa - s/he, it causes

Glosario

causar - to cause

celebración - celebration

celebran - they celebrate

centro - center

cerámica - ceramic

China - China, a country in Asia

chino(as) - Chinese

chofer - chauffer, driver

cinco - five

ciudad - city

clase - class

clínica - clinic

color(es) - color(s)

columnas - columns

comen - they eat

comer - to eat

comida - food

comieron - they ate

comunicarse - to communicate

con - with

conexión - connection

confusión - confusion

confusos - confusing

contenta - content, happy

contento(s) - content, happy

continuar - to continue

convencida - convinced

convencidos - convinced

costa - coast

curiosa - curious

cuy - guinea pig

D

da - s/he gives

de - of; from; belonging to

decide - s/he decides

deciden - they decide

decoraciones - decorations

dedicado - dedicated

del - of the; from the; belonging to the

deliciosa - delicious

día(s) - day(s)

dice - s/he says

dicen - they say

diferente - different

difícil - difficult

disco - Disco, a style of dancing and music

distancia - distance

distracción - distraction

doctora - doctor

donde - where

dónde - where

dos - two

(me) duele - it hurts (me)

(le) duele - it hurts (him or her)

(les) duele - it hurts (them)

E

emergencia - emergency

en - in

energía - energy

entra - s/he enters

entran - they enter

entusiasmo - enthusiasm

es - is

escapa - s/he escapes

escapan - they escape

escapar - to escape

escape - escape

escapen - you (pl.) escape *(command)*

ese - that

espacio - space

especiales - special

está - s/he, it is

estamos - we are

están - they, you (pl.) are

estar - to be

estatuas - statues

este - this

(no) estén - you (pl.) (don't) be

estilo - style

estómago(s) - stomach(s)

estoy - I am

exactamente - exactly

exacto - exactly right

excelente - excellent

excepción - exception

excepto - except

exclama - s/he exclaims

exclaman - they exclaim

exhausto - exhausted

exhibición - exhibit, exhibition

experto - expert

explorar - to explore

F

familia - family

familias - families

fantástico(a) - fantastic

figuras - figures

finalmente - finally

frustrada - frustrated

frutas - fruits

fuentes - fountains

furioso - furious

fútbol - football, soccer

G

gluglú - glug, glug

gran - big, grand

grande(s) - big, grand

grupo - group

guardia(s) - guard(s)

(le) gusta - it is pleasing to him/her

(les) gusta - it is pleasing to them

(me) gusta - it is pleasing to me

(le) gustan - they are pleasing to him/her

(les) gustan - they are pleasing to them

(me) gustan - they are pleasing to me

H

habla - s/he, it talks

hablan - they talk

hablar - to talk

hacia - toward

(tiene) hambre - s/he has hunger, is hungry

hay - there is; there are

historia - history

histórico - historical

hombre - man

horas - hours

I

idea(s) - idea(s)

ideal - ideal

ignora - s/he ignores

(se) imagina - s/he imagines

imaginación - imagination

imaginan - they imagine

impaciencia - impatience

imposible - impossible

incluso - including

inmigrantes - immigrants

insiste - s/he insists

inteligente(s) - intelligent, smart

inteligentemente - intelligently

interés - interest

interesante(s) - interesting

investigar - to investigate

irritado - irritated

J

jaula(s) - cage(s)

L

la - the

las - the

le - to him or her

les - to them

Lima - Lima, the capital of Peru

linternas - lanterns

llama(s) - llama(s)

llaves - keys

los - the

M

(por la) mañana - (in the) morning

me - to me

medicina - medicine

mi(s) - my

mí - me

minutos - minutes

mira - s/he looks

Miraflores - Miraflores, a district in the city of Lima

miran - they look

mirar - to look

miren - you (pl.), look *(command)*

misteriosa - mysterious

momento - moment

momias - mummies

mono - monkey

montañas - mountains

mucho(a) - much; a lot

muchos(as) - many; a lot

museo - museum

música - music

muy - very

N

necesario - necessary

nerviosa - nervous

nervioso(s) - nervous

niña - girl; child

niño - boy; child

niños - children

no - no

nota - s/he notes, notices

notan - they note, notice

nueve - nine

número(s) - number(s)

O

objeto - object

observa - s/he observes

observan - they observe

observar - to observe

obvio - obvious

océano Pacífico - Pacific Ocean

ocho - eight

ocurre - occurs

oficina - office

otra - other; another

otros(as) - other

P

para - for

parque - park

parte - part

pasa - s/he, it passes

pasan - they pass

pequeño(a) - small

perfecto(a) - perfect

pero - but

persona(s) - person(s)

Perú - Peru, a country in South America

plan - plan

plantas - plants

por - by; through; for

practicar - to practice

prefiero - I prefer

problema(s) - problem(s)

Q

que - that

qué - what

quiere - s/he wants

quieren - they want

quiero - I want

R

radio - radio, walkie-talkie

rápidamente - rapidly, quickly

rápido - rapid, quick

rata - rat

realmente - really

región - region

repite - s/he repeats

resolver - to resolve

responde - s/he responds

responden - they respond

restaurante(s) - restaurant(s)

roca - rock

rosa - rose, pink

rubíes - rubies

rutas - routes

S

sabe - s/he knows

sabemos - we know

saben - they know

sabes - you know

se - itself; himself; herself

secreto - secret

segundos - seconds

seguridad - security

seis - six

serio - serious

sí - yes

siete - seven

silencio - silence

silenciosamente - silently

silencioso(s) - silent

situación - situation

son - they are

soy - I am

su(s) - his; her; their

surfea - s/he surfs

surfear - to surf

surfista(s) - surfer(s)

T

tabla de surf - surfboard

también - also, too

teléfono - telephone

terrible - terrible

tiene - s/he, it has

tienen - they, you (pl.) have

todo - all; everything

todos(as) - all; every

toma - s/he, it takes

toman - they, you (pl.) take

tomar - to take

treinta - thirty

tres - three

U

uf - oof

un(a) - a

usa - s/he uses

uy – oh; ouch

V

va - s/he, it goes

(se) va - s/he, it goes, leaves

vamos - we go; let's go

(se) van - they go, leave

ve - s/he sees

vegetales - vegetables

ven - they see

ver - to see

verles - to see them

ves - you see

violentamente - violently

violeta - violet, purple

visitan - they visit

visitar - to visit

vive - s/he lives

viven - they live

vivir - to live

voz - voice

vrrruuuum - vroom

W

wiiiii - weee

Z

(parque) zoológico - zoo, zoological park

Online Flipbooks and E-learning modules availalbe for most titles. Read, listen and interact online from your desktop or mobile device! Visit FluencyMatters.com to see samples and pricing.